丛书主编 虞永平 张斌

趣味"食"光

苏州幼儿师范高等专科学校附属花朵幼儿园

时菁 龚皓 徐林娟 叶兰兰 著

南京师范大学出版社

图书在版编目（CIP）数据

趣味"食"光 / 时菁等著 . -- 南京：南京师范大学出版社，2022.3
（从课程资源到儿童经验丛书 / 虞永平，张斌主编）
ISBN 978-7-5651-5052-4

Ⅰ . ①趣… Ⅱ . ①时… Ⅲ . ①活动课程 - 学前教育 - 教学参考资料 Ⅳ . ① G613.7

中国版本图书馆 CIP 数据核字（2021）第 254368 号

书　　　名	趣味"食"光
丛　书　名	从课程资源到儿童经验丛书
作　　　者	时　菁　龚　皓　徐林娟　叶兰兰
丛书主编	虞永平　张　斌
策划编辑	官军燕
责任编辑	官军燕
出版发行	南京师范大学出版社
地　　　址	江苏省南京市玄武区后宰门西村 9 号（邮编：210016）
电　　　话	（025）83598919（总编办）　83598412（营销部）　83598312（邮购部）
网　　　址	http://press.njnu.edu.cn
电子信箱	nspzbb@njnu.edu.cn
照　　　排	南京凯建文化发展有限公司
印　　　刷	江阴金马印刷有限公司
开　　　本	889 毫米 ×1194 毫米　1/20
印　　　张	5
字　　　数	113 千
版　　　次	2022 年 3 月第 1 版　2022 年 3 月第 1 次印刷
书　　　号	ISBN 978-7-5651-5052-4
定　　　价	48.00 元
出　版　人	张志刚

南京师大版图书若有印装问题请与销售商调换
版权所有　侵权必究

总　序

"从课程资源到儿童经验丛书"是我们在"幼儿园课程资源丛书"的基础上，对"课程资源的开发与利用"这一看似老生常谈的话题的延续和提升。

说延续，是因为在与众多幼儿园进行课程研究的过程中，我们深感幼儿园面临一个共同的问题——支撑课程运行要依靠什么？我们发现，答案是资源。今天，越来越多的幼儿教育工作者已经逐步形成了课程资源意识，搜集、整理、发掘和利用课程资源成为幼儿园课程建设工作的关键动作。然而，要让课程真正有效地促动幼儿的发展，"物质"形态的课程必须最终转化为"精神"形态的幼儿经验，就是要引导幼儿利用资源"学习"起来。因此，对于某一类型的课程资源整体化的研究就显得宽度有余而深度不足了，有必要继续对"如何用好资源"这个话题进行具体深入、丝丝入扣、关注过程的研究。

说提升，是因为丛书意图以小见大、举一反三，通过向广大读者生动讲述幼儿园利用某一具体课程资源的真实故事，呈现相对完整的幼儿经验建构的历程，帮助大家戴上通过"活动行为"看到"儿童经验"的眼镜，从而在"能用资源组织幼儿活动"的阶梯上更上一层，达到"借助资源有意识地促成幼儿发展"的水平。

基于此，丛书两年多来的筹备并不仅仅是一个写作的历程，更是我们与众多作者进行协同研究的过程。其间，一些关乎课程资源利用的原则和策略逐渐浮出或被反复提及，这里择其重点与读者们分享。

一是要坚持"让幼儿行动"，构建真实的课程。经验产生于主体与外部世界的相互作用，通俗地说就是只有支持幼儿拿资源"做事"，才有可能将课程资源转化为儿童的经验。"做事"会给幼儿带来一连串充满疑问、挑战、机会、兴奋、惊喜、沮丧、等待、满足、失落等等的体验，带来高品质的学习。要践行这个原则，请教师务必多动脑少动手，把"做事"的机会归还给幼儿，把课程决策权适度让渡给幼儿。在面对资源的时候，我们建议教师稍微"懒"一点，对于诸如"这个资源可以做什么？""这个资源应该怎么玩？"之类的问题，您不可能也没必要做出完美的设计和回答，而幼儿有意义的经验建构恰恰就蕴含在他们对这些问题的探索和回答中。请和幼儿一起商量，允许他们发表意见，认真、严肃地对待这些意见；请和幼儿一起摸索，与他们在研究某个资源的道路上并肩前行；请和幼儿一起反思，或在活动开展中驻足，或待整个活动结束，带领幼儿回顾活动中的经历、收获、问题、解决方法等。这，亦是对"以幼儿为本"的立场的某种兑现。

二是教师要扮演好几个角色，即资源的提供者、经验的分享者和"麻烦"的制造者。提供资源意味着教师要将资源放置在课程的背景下进行审议，做好大致规划，例如一种资源适合投放在哪个年龄班，什么时候投放，投放多长时间，大概可能做哪些事情，需要何种场地、工具和经验准备等。对教师而言，不少资源是他们并不熟悉的，所以开发与利用资源的过程也是他们探索发现、直面问题、学有所得的过程，这使得教师自然成为与幼儿分享学习经验的伙伴。为了促进幼儿的有效学习，教师还需要借助课程资源为幼儿"制造麻烦"，也就是制造困难、创设问题情境，从而引起幼儿的经验冲突，激起学习动机。

三是要学深学透《3—6岁儿童学习与发展指南》（以下简称《指南》），寻找幼儿行动与关键经验之间的关联及逻辑。首先，熟记《指南》对指引教育活动大有裨益，因为只有教师树立目标意识、对关键经验敏感，才能恰当地指导幼儿。其次，要思考幼儿所做的事与《指南》中哪些表现存在联系，依据《指南》分析资源帮助幼儿获得了哪些经验。最后，活动的每一个阶段要进行幼儿经验的总结和整理，尝试理出其经验变化的头绪和过程，这有助于我们进一步理解幼儿经验建构的脉络，从而帮助幼儿实现经验的层层递进、深化、拓展和重组。

对此，丛书创造性地在课程故事记述中着重突出幼儿2—4个关键经验的建构过程，并通过"活动脉络图"和"关键经验结构图"架构出幼儿活动的线索和经验建构的线索，以便读者体会课程影响下儿童经验生长无序与有序并存的动态图景。需要强调的是，这种看似清晰的链锁式结构都产生于作者们对活动的回顾与分析，并非预先的设计——否则将违背我们"追随幼儿"的初衷。

丛书的编写得到了全国各地数十家幼儿园的积极响应，得到了南京师范大学出版社的大力支持，特别是原幼教分社万斌总编辑及各位编辑为丛书的出版付出了很多辛劳，在此致以诚挚的感谢！

幼儿园课程研究的道路漫长修远，丛书的出版既是对来时路的回望，更开启了一段新的旅程，等待你我继续携手求索！

虞永平 张斌

2019年4月

目录

- 总序 ……001
- 缘起 ……001
- 活动脉络图 ……002
- 关键经验结构图 ……003
- 美食广场的由来 ……004
  - 一、五一劳动节你是怎么过的 ……004
  - 二、什么是美食广场呢 ……005
- 美食广场的准备 ……008
  - 一、和爸爸妈妈一起去看看美食广场吧 ……008
  - 二、再去一次美食广场吧 ……012
- 我们的美食广场 ……034
  - 一、做哪些美食 ……034
  - 二、动动手——技能练兵 ……038
  - 三、竞选工作人员 ……042
  - 四、准备活动好忙碌 ……046
  - 五、小小宣传员 ……050
  - 六、有必要进行"试吃会"吗 ……054

- 美食广场正式开业了 ……060
  - 一、工作人员提前准备 ……061
  - 二、活动开始啦 ……064
- 美食广场在继续 ……078
  - 一、美食广场结束了 ……078
  - 二、爸爸妈妈有话说 ……086
- 后记 ……087
  - 一、关注幼儿是开发和利用课程资源的基础 ……087
  - 二、尊重幼儿的需要是开发和利用课程资源的根本原则 ……088
  - 三、协同审议是合理利用课程资源的保障 ……089

缘起

五一劳动节到了，小长假后的分享交流活动是一贯的"保留活动"。孩子们把自己在假期里的见闻制作成小报或者"假期宝盒"，向同伴们展示自己假期里最有趣的活动。在这一次的交流活动中，彬彬的"美食广场"经历引起了孩子们的兴趣。什么是美食广场？它和一般的饭店有什么不同？美食广场里有哪些美食？……孩子们的问题层出不穷，渐渐地，连彬彬也回答不上来了！既然孩子们对美食广场的兴趣这么浓厚，那么，我们就一起来弄个明白吧！

在接下来的一段时间里，孩子们从认识了解美食广场开始，逐渐过渡到以举办"美食广场"为目的开展一系列丰富而有趣的活动。在这些活动中，幼儿是活动的主体，他们的兴趣和好奇心决定了活动的发展和走向。教师扮演不同的角色支持着幼儿的探究，陪伴幼儿一起"工作"、一起"游戏"、一起"成长"、一起"快乐"……

想知道在这段有趣的"食"光中，孩子们和老师们都有哪些美妙的经历吗？让我们一起来看个究竟吧！

活动脉络图

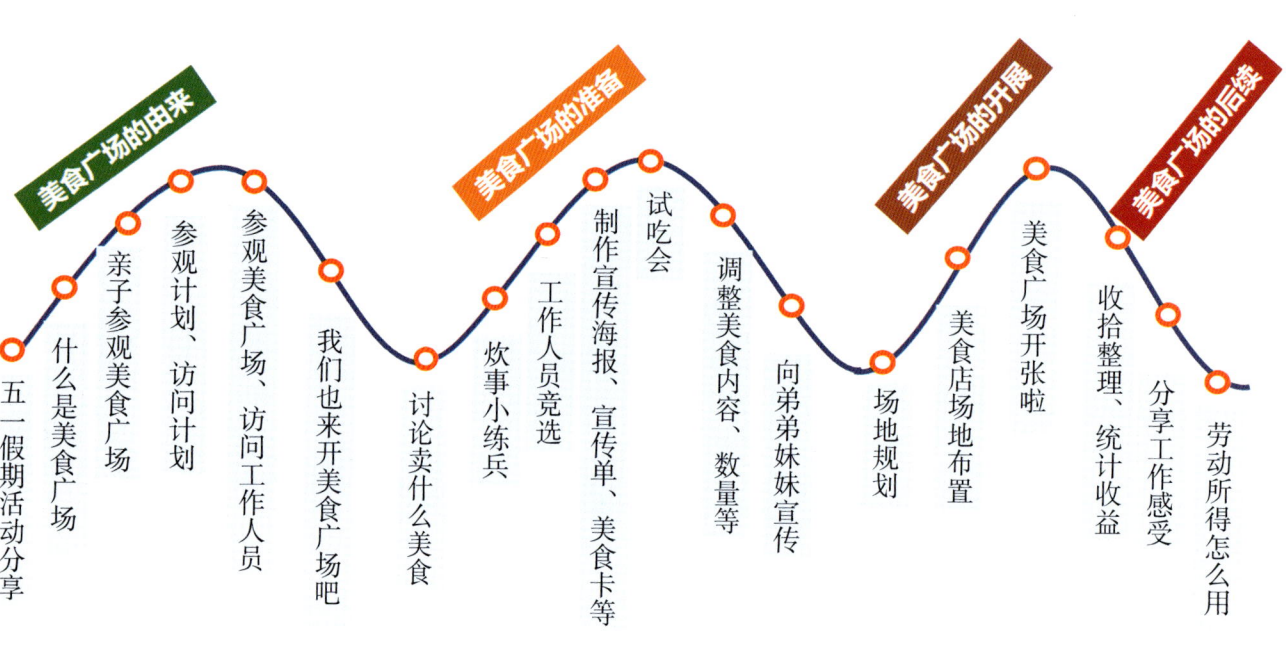

美食广场的由来
- 五一假期活动分享
- 什么是美食广场
- 亲子参观美食广场
- 参观计划、访问计划
- 参观美食广场、访问工作人员
- 我们也来开美食广场吧

美食广场的准备
- 讨论卖什么美食
- 炊事小练兵
- 工作人员竞选
- 制作宣传海报、宣传单、美食卡等
- 试吃会
- 调整美食内容、数量等
- 向弟弟妹妹宣传

美食广场的开展
- 场地规划
- 美食店场地布置
- 美食广场开张啦

美食广场的后续
- 收拾整理、统计收益
- 分享工作感受
- 劳动所得怎么用

关键经验结构图

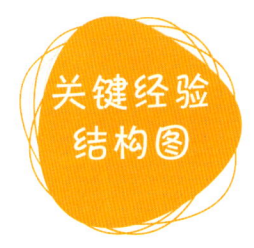

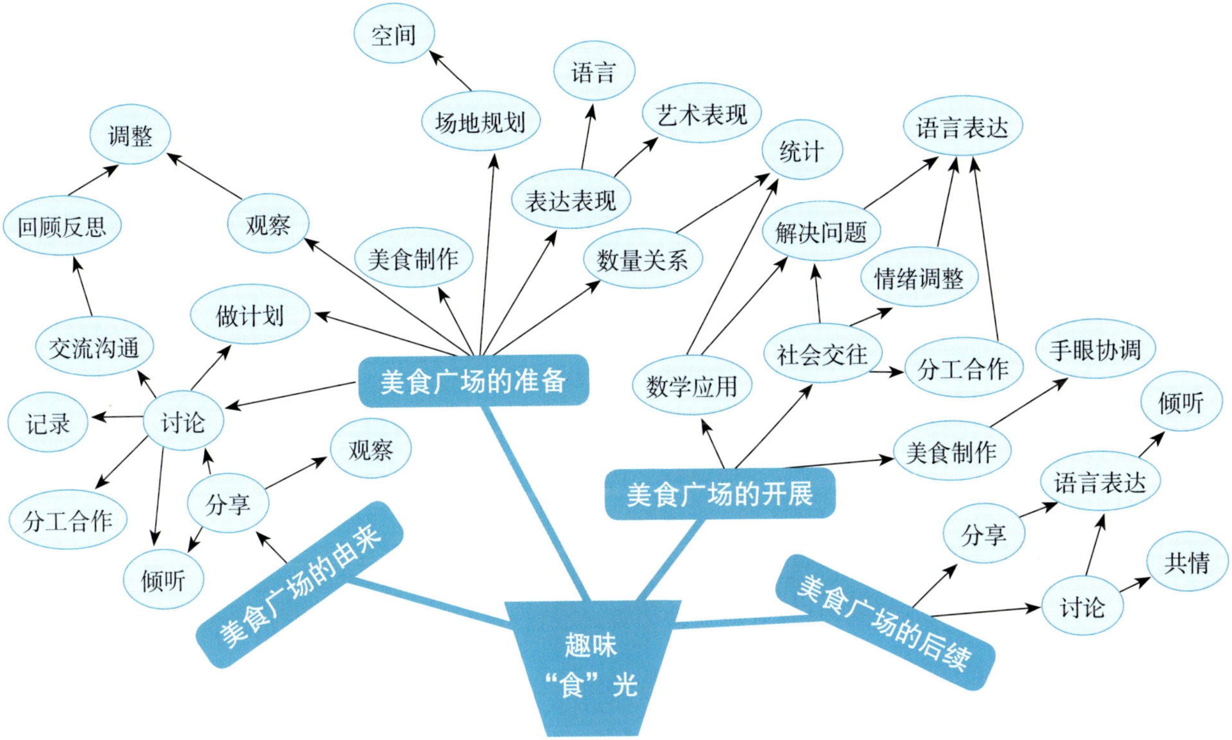
趣味“食”光
美食广场的由来
分享
观察
讨论
记录
分工合作
倾听
做计划
交流沟通
回顾反思
调整
美食广场的准备
观察
美食制作
场地规划
空间
表达表现
语言
艺术表现
数量关系
美食广场的开展
数学应用
统计
解决问题
语言表达
社会交往
情绪调整
分工合作
美食制作
手眼协调
美食广场的后续
分享
语言表达
倾听
讨论
共情

美食广场的由来

一、五一劳动节你是怎么过的

五一劳动节后,孩子们还沉浸在愉快的节日氛围中,和同伴介绍着自己在假期中的愉快经历。孩子们的兴趣居高不下,那我们就来开展一次假期生活大分享:让好朋友们知道我的假期生活是多么有趣,同时也能了解他人的假期是怎么度过的,有没有我也感兴趣的活动。

图1 介绍"快乐的五一劳动节"小报

孩子们的节日活动可真丰富啊！有的外出游玩，有的走亲访友，有的品尝美食。其中美食对孩子的吸引力是最大的。看着同伴的美食小报，大家开始讨论起来："这是什么地方呀？""这些东西看上去好好吃呀！"孩子们都想去品尝一下这里的美食，纷纷露出了羡慕的眼神……

二、什么是美食广场呢

什么是美食广场呢？孩子们开始讨论起来，没有去过美食广场的孩子说："美食广场肯定就是卖吃的东西，就像饭店一样。"但是彬彬认为："美食广场和饭店不一样，你看，这里面什么吃的都有，饭店里可没有这么多种类，而且买单的方法也不一样。"

孩子们你一言我一语地争论起来。到底什么是美食广场呢？它和饭店到底哪里不一样呢？孩子们最后也没有讨论出结果。这时，老师提出了一个建议："既然讨论不出结果，那我们不如去现场看看吧。亲身去美食广场感受一下，自然就能知道美食广场到底是什么了。"老师的这个建议真不错，就这么办！

幼儿的经验与学习

《指南》指出，在人际交往过程中，5到6岁幼儿应当愿意与他人分享高兴的、有趣的事。幼儿通过五一小报的交流，充分表达和分享了自己在假期中的趣事，并从中找到了"美食"这个大家都感兴趣的话题。但是，只有个别幼儿对"美食广场"有直接经验，大部分幼儿的经验都来自同伴的介绍，而且只是通过同伴的介绍知道了"美食广场"这个名称。为了解决这个问题，幼儿还将以往的学习经验迁移过来，利用照片介绍等方式尝试进一步了解"美食广场"。

教师的思考与支持

教师应为幼儿提供人际交往和共同活动的机会和条件。利用五一假期的契机,教师引导幼儿互相交流和分享自己的假期生活,为幼儿提供了交流的机会。同时,幼儿与成人、同伴之间的共同生活、交往、探索、游戏等,是其社会学习的重要途径。因此,教师发现幼儿的兴趣点时,决定跟随幼儿的兴趣,生成相关的活动。在活动中,教师给予幼儿充分的时间和机会让他们讨论自己感兴趣的话题,并引导幼儿将话题深入。

一、和爸爸妈妈一起去看看美食广场吧

周末到了,这个周末孩子们有一项特殊又有趣的任务,就是和爸爸妈妈一起去美食广场看看,来一场美食广场探秘之旅。周一回到幼儿园,孩子们的讨论更加激烈了。

西西:"周六中午,我和爸爸妈妈一起去了美食广场,美食广场的人好多。"

明明:"美食广场里有好多的摊位,每个摊位卖的东西都不一样,有的是汤,有的是面,有的是菜,还有的是饮料和点心……"

小常:"里面的馄饨可好吃了,我的爸爸妈妈还点了酸菜鱼。"

…………

教师:"这么多好吃的呀!除了吃的东西,你们还有什么其他发现吗?"

明娅:"我和爸爸妈妈挑了一些喜欢吃的东西,准备付钱的时候,爸爸却走了。我问爸爸去哪呀,不买了吗?爸爸说在美食广场买吃的东西不是直接付钱的,需要先到收银台买一张卡,然后你要吃什么来这边刷卡就可以了。"

豆豆:"美食广场里的桌椅都排列得很整齐!"

通过这次和爸爸妈妈一起去美食广场,孩子们对美食广场又有了更直接的认识:我们可以自己选择喜欢吃的食物,去摊位上购买。最特别的是付钱的方式,和其他地方都不一样。

图 2　亲子参观美食广场

美食广场的准备

幼儿的经验与学习

通过亲子参观,幼儿直观感受了美食广场是什么样的。大多数幼儿不光是参观,还在美食广场中品尝了各种食物,并且知道了美食广场先购储值卡再消费这种特殊的付款方式。正如《指南》"说明"部分所说,"幼儿的学习是以直接经验为基础,在游戏和日常生活中进行的"。

教师的思考与支持

有了实地参观的经历,幼儿讨论的内容更加丰富了。在分享中,大部分幼儿在语言的完整性、清楚性和丰富性上有了不小的提高。同时,教师进行适当的引导,鼓励幼儿分享自己在亲子参观中的其他发现。比如:特殊的付款方式、食物的种类搭配、摊位的设置、用餐的方式,等等。但是,教师发现,幼儿的讨论内容相对局限,如何帮助幼儿建立对美食广场更全面的认识呢?这值得教师思考,教师也要把这个问题再次"抛"给幼儿。

二、再去一次美食广场吧

美食广场可真有趣！孩子们一起分享着自己和爸爸妈妈去美食广场的经历。在分享的过程中，孩子们发现大家都找到了很多有趣的秘密，但大家关注的地方都不太一样，有些地方的记忆还是有些模糊。怎么做才能观察得更细致呢？哪些是我们在参观的过程中必须要观察的呢？除了观察环境，我们还可以做些什么呢？既然和爸爸妈妈第一次参观还有很多问题没有解决，那不如再去参观一次。这一次，是老师带着所有的孩子们一起去参观，参观前要做好准备，计划好要了解的内容。

1. 做个参观计划

参观之前，老师和孩子们进行了一次谈话。大家一起来确定这次要去看些什么。

丰丰："美食广场里每个摊位都有自己的招牌，有些摊位放了塑料做的菜给大家看。"

茗茗："美食广场中有收银台，要先去收银台买了卡才能去买吃的东西。"

吉吉："美食广场里有好多好吃的，有饭、有面、有点心，可以自己选喜欢吃的。"

元元："顾客都是坐在中间的座位上吃的。"

…………

图 3　讨论怎样才能不遗漏参观内容

　　大家说了好多,老师把孩子们想要了解的内容进行了整理:① 摊位所使用的招牌和广告等的呈现方式;② 摊位和就餐区的摆放位置;③ 收银台的工作方式,如何买卡和退卡;④ 场地中的指示标记。

　　这么多的内容,怎样才能保证参观时没有遗漏呢?孩子们又一次展开了讨论。既然容易遗漏,就把要了解的内容先记录下来,带着参观计划单去观察,这样就不会遗漏了。那问题又来了,参观计划单每个人都需要带吗?通过讨论,孩子们决定,每一组带一张参观计划单,因为参观的重点内容孩子们已经商量好,参观计划就以小组为单位。

幼儿的经验与学习

在整个讨论的过程中,教师应鼓励幼儿多回忆,多思考,多发表自己的想法。同时,倾听同伴的发言也是学习,它从不同的角度丰富幼儿对美食广场的了解。正如《指南》语言方面提到的,"幼儿的语言学习需要相应的社会经验支持,应通过多种活动扩展幼儿的生活经验,丰富语言的内容,增强理解和表达能力"。

教师的思考与支持

亲子参观后,幼儿对美食广场已经有了一定的经验,但是每一个个体的感受又是不一样的。教师在活动过程中首先要创造一个"想说、敢说、喜欢说、有机会说"的氛围,然后根据幼儿的想法,帮助幼儿梳理出再次参观的重点。

2. 做个小记者

美食广场中还有很多工作人员，他们在美食广场中都做些什么呢？孩子们并不是很了解，正好利用这次参观的机会，去采访这些工作人员，看看他们到底是怎么工作的。孩子们马上联想到了之前做小记者的经历。

采访哪些工作人员

兰兰："我们要先确定好需要采访哪些工作人员。"

诚诚："我上次看到厨师在烧菜。"

萱萱："我们吃完饭以后有打扫卫生的服务员，他们会收走桌上的餐具。"

琪琪："柜台里还有几个人，有的刷卡，有的把食物递给客人。"

铭铭："收银台专门有一个工作人员。"

珊珊："门口还有保安维持秩序。"

原来美食广场里有这么多的工作人员，孩子们决定这次就去采访厨师、服务员、柜台里的工作人员、收银员和保安。

采访些什么

可是要如何进行采访呢？采访些什么内容呢？孩子们再一次展开了讨论。这次讨论的内容是"如何进行采访"。其中涉及的重要问题包括：① 是否需要分组进行采访？② 和他人提问重复怎么办？③ 谁去采访？如何选出采访团的负责人？④ 记不住采访对象的回答怎么办？⑤ 每一组需要配备的工作人员数量是多少？⑥ 每一组内部人员的分工是什么？

在讨论时，孩子们发现每个人提一个问题的方式并不合适，这样很容易造成问题的重复。大家把要问的问题都集中在一起，用绘画的形式将问题记录下来，再将同组所有的问题集合在一起，去掉重复的问题，由一个人负责提问。

图4　孩子们边讨论边画下自己的问题

对于回答记不住的问题，孩子们想到了每组由一个人用电子设备拍摄照片和录像进行记录，方便事后回忆采访过程，剩下的人可以用纸笔绘画的方式将采访的内容记录下来。

我们小组怎么分工

工作任务明确了，接下来就是分工。在分工的过程中，孩子们进行了激烈的讨论，最后根据自己的喜好和特长选择了自己在采访中想要做的工作。绘画好的小朋友负责记录，家里能提供电子设备的负责拍照，等等。其中采访厨师的小组在讨论的过程中虽产生了分歧，但很快通过内部协调解决了。

晶晶："我来拍照片。"

一凡："我来拍，你拍的没我好。"

晶晶："我明天带的照相机比你的这个还要大呢，能拍得很清楚。"

一凡想了一会儿说："那好吧，我问问题吧。"

诺诺："我也是问问题的，你要问什么问题？"

一凡："我想问厨师在烧菜的时候需要用什么工具。"

诺诺："那你不就是问他有什么工具吗？跟我的一样啊，换一个。"

一凡："那你问我不问。我换个问题，我问他怎么能烧出好吃的菜。"

诺诺："好的。"

在完成分工的基础上，孩子们还觉得每一组都需要有一个负责人，这样能更好地完成采访的工作，在采访的时候如果遇到问题，就可以由负责人来进行协调。于是，他们就在自己小组内推选了负责人。

图5 孩子们用自己的方式推选负责人

幼儿的经验与学习

幼儿运用自己的经验，对如何进行采访展开了讨论，对采访中可能会遇到的问题进行了思考，并共同商讨出解决问题的方法。当遇到分歧时，有的幼儿也能进行组内的协调，很好地解决问题。在这个过程中，更多地可以看到幼儿社会性方面的发展，如"活动时能够与同伴分工合作"以及每一位幼儿的参与度。同时，《指南》中提到的幼儿的语言发展水平也得到了提高，特别是"具有文明的语言习惯"这一方面。

教师的思考与支持

如何引导幼儿制订采访规划?

在幼儿的体验性活动中,像这样由幼儿事先计划、准备、讨论好每一个步骤,确定大家已经对活动的过程和目的有了较为翔实的了解后再去进行体验,会让体验性的活动更有品质和深度,而非流于形式,走马观花。

在讨论的过程中,幼儿的分组情况用图画或符号的方式表现出来,教师再进一步进行整理,既可以让幼儿看到规范记录的益处,又可以让整个讨论过程更有条理。教师引导幼儿将口头语言转换成书面语言,让他们体会符号表征的意义。更为重要的是,这种由幼儿亲手制订的规划,完全展现了幼儿的思维特点,体现了幼儿自己的表达方式,比教师直接写要更直接、更有意义。同时,也进一步发展了幼儿"具有书面表达的愿望和初步技能"。

幼儿完成自己的规划后,自己来"念"规划给大家听。在这样的信息分享和传递的过程中,将语言的使用恰如其分地融入幼儿的活动情境中,让幼儿体会到语言应该何时用、如何用,从而自然习得语言表达的方法和意义。

3. 要出发了，应该注意什么

即将出发去参观美食广场了，孩子们都很期待，在参观之前老师和孩子们进行了谈话活动，为参观做了一个前期的经验铺垫。

丰丰："我们之前也去参观过其他的地方，参观的时候一定要有礼貌，要给别人留下好印象。"

教师："丰丰的记性很不错，那么参观的时候怎么做才算有礼貌呢？"

茗茗："参观的时候没有经过别人同意，不能随便乱摸、乱动参观地方的东西。"

吉吉："还有，还有，有问题问别人时要先问问别人有没有空，这样才有礼貌。"

茗茗："我还想到一个，我们小朋友参观时要安静点，不能哇啦哇啦吵闹。"

圆圆："对对，不能吵吵闹闹的，不然司机叔叔也会注意力分散，开不好车的。"

教师："刚才你们都能够想到在参观过程中怎么做到有礼貌，就像圆圆说的，在参观的时候有没有安全问题需要大家注意的呢？"

圆圆："我还想到有楼梯的地方一定不能推推挤挤的，不然会摔跤的。"

豆豆："我想到的是一定要跟着队伍走，不然会走丢的。"

图 6　孩子们讨论参观注意事项

幼儿的经验与学习

《指南》语言部分的教育建议中提到"为幼儿创造说话的机会并体验语言交往的乐趣"。幼儿在讨论的过程中调动了以往的经验,同时积极思考这次参观需要注意的地方。教师也把提前踩点时拍摄的照片和大家一起分享,多元的分享让幼儿从不同的角度去了解和丰富关于美食广场的内容。

教师的思考与支持

教师在踩点中想到了很多如安全和礼仪等问题,真想一股脑儿都告诉幼儿,可是转念一想:发展幼儿语言的重要途径是通过相互渗透的各领域的教育,在丰富多彩的活动中去扩展幼儿的经验。教师应该创设幼儿与成人、与同伴之间的共同活动的机会和条件,并加以指导。事实上,在和幼儿交流的过程中,教师发现不少幼儿自己会进行经验的迁移,给幼儿表达机会的同时,也是给幼儿锻炼的机会。

4. 参观美食广场啦

我们来到了某商场负一层的美食广场。孩子们发现：外围的以一些饮料店和点心店为主，招牌各异，色彩丰富，老师引导孩子们看了美食摊的广告，加深他们对广告的印象。

里面的摊位大多是炒菜的。每个摊位都在门口放了一些仿真食物，上面贴的标签上有食物的名称和价格。方方看见这些仿真食物忍不住想要伸手去摸一摸，旁边的涛涛看见了马上提醒说："这个是给我们看的，不是用来摸的。"在带孩子们参观内圈摊位的时候，老师还特意让他们看

图 7　参观美食广场啦

图 8　采访工作人员

了这些摊位的招牌。相对于外围摊位那些各具特色的招牌，内圈摊位使用的都是更为普通的招牌——黄底黑字。虽然没那么有个性，但是整齐划一。有的孩子说："这样感觉非常整齐。"

　　参观得差不多了，要开始采访了，之前在教室里讨论时孩子们信心满满，可是真正到了采访的时候，问题却来了。颖颖推了下圆圆，圆圆又推了下颖颖，只看见颖颖的脸红了起来，红着脸轻声问："阿姨你好，我们想问几个问题，可以吗？"阿姨笑眯眯地回答："可以。"颖颖问："我们想知道，服务员除了要及时收拾餐具还要做什么？"颖颖这次提问的声音明显比刚才大了不少，阿姨笑着说："还要注意，桌子上干净吗？椅子摆放整齐吗？客人有什么需要也要赶紧帮忙解决……"颖颖和同伴边听边点头。过了一会儿，其他几组孩子也陆续完成了自己的采访任务。

美食广场的准备

幼儿的经验与学习

《指南》中指出"人际交往和社会适应是幼儿在社会学习的主要内容,也是其社会性发展的基本途径"。虽然有部分幼儿之前和家长一起去过美食广场,但是这一次的集体参观并没有让这些幼儿的兴趣减弱,反而体验过的幼儿更有"发言"的积极性。冰冰说道:"我之前就是来的这家,和爸爸妈妈一起吃过的,味道很好,而且不辣,我们全家都一起吃了。"这是之前班级交流中并没有主动交流的幼儿,但是在参观的过程中,该幼儿的经验被再次调动起来,主动和同伴交流了起来。在采访环节中,幼儿还是能克服内心的紧张,大胆地问出了第一个问题。

教师的思考与支持

美食广场里的工作人员都比较有耐心，热情地和小朋友进行互动。因为不是用餐高峰，幼儿能更清晰明了地看到美食广场的场地布局。不管是组织幼儿参观前的交流讨论、教师的踩点，还是和年级组教师对参观会遇到的问题的头脑风暴，对这次参观活动顺利、有序进行都至关重要。所有这些都在"努力靠近"《纲要》里说的"综合利用各种教育资源，共同为幼儿的发展创造良好的条件"。

5. 参观回来后

参观回来后,我们再次围坐在一起进行交流和回忆,有直观感受的分享,有结合照片的分享,也有对参观中问题的回顾,孩子们热烈地讨论了起来。

颖颖:"我刚开始问问题的时候,有点害怕,但是我还是试了一下,那里的阿姨很耐心地回答我们的问题,我真开心。"

丰丰:"桌椅都放得很整齐,那里的招牌都很明显,别人一过去就看见了。"

林林:"我以前只是路过,但是没有去里面吃过东西。原来还要先买卡,然后去挑选自己喜欢的东西刷卡,最后去退卡。"

圆圆:"××的美食广场,我们小朋友自己想吃什么看图片或看仿真的那个菜就能够自己选了,不用叫爸爸妈妈帮我读字了!"

彬彬:"美食广场真是太棒了,要是开在我们幼儿园旁边就好了,每天都可以去!干脆,开在幼儿园里吧!哈哈!"

彬彬的一句玩笑话竟然得到了大部分孩子的响应,"对呀,我们开个美食广场吧!"那么,还等什么,说干就干!

幼儿的经验与学习

从幼儿的成长日记来看，参观前的讨论—参观时的感受—自己说一说—听同伴说一说—画画记记，在这个过程中，不仅幼儿的语言得到了发展，教师还尝试了如《指南》中艺术领域所说的"幼儿自主表达创作的过程中，不做过多干预或把自己的意愿强加给幼儿，在幼儿需要时再给予具体的帮助"。幼儿对于自己印象深刻的内容能表达出来，同时也了解到每一个参与其中的同伴的感受可能都不完全一样。

图 9　参观回来后画的成长日记

教师的思考与支持

组织一次参观活动往往需要耗费教师、家长和园所大量的时间、精力,所以为了达到其教育价值的最大化,真正地做到"走出去",将社区的资源变成一个个真实的课堂,教师就要在指导策略上更为精细、深入和具体,努力做到"心中有计划,眼里有幼儿"。这次活动也努力践行着《纲要》中的"与家庭、社区合作……培养其对劳动者的热爱和对劳动成果的尊重"。

在正式的参观活动中,教师的指导主要集中在以下几方面:①鼓励幼儿观察,支持幼儿发现求证。②科学的讲解,扩大幼儿的知识面和视野。③引导幼儿大胆对工作人员进行访问。④组织幼儿就参观的事实交流、分享经验。⑤帮助幼儿提升,建立新的认知结构。

我们的美食广场

一、做哪些美食

孩子们对于要开店铺的这个决定，非常兴奋。他们面临的第一个问题是做哪些食物。

林林："可以做××美食广场里的食物。"

教师："那我们要和他们做的一样吗？"

冉冉："我们也可以有自己的想法呀！"

老师继续倾听孩子们的想法，引导孩子们一起回忆以前在炊事活动中做过的美食。

吉吉："可以在我们做过的美食里选一些呀，这样我们做起来也熟悉一点。"

有好几个孩子都在点头附和。

茗茗:"我觉得我们的美食不仅要比较健康、卫生,而且要适合我们小朋友吃。"

彬彬:"苏州的美食我都喜欢。"

冉冉:"你们说的都是吃的美食,还有喝的呢,我上次喝过绿豆汤,真的很好喝!"

老师引导孩子们多多发表自己的想法,最后和孩子们一起总结记录,我们制作的美食要符合这些原则:① 健康卫生的、比较适合小朋友的。② 可以从我们以前制作过的美食中挑选一些,如果有苏州特色的美食更好。③ 要注意干湿搭配。

老师在年级组的审议活动中也再次对幼儿讨论出来的美食进行了审议,发现不少食物对幼儿来说都具可操作性,可以鼓励班级幼儿进一步去发现。

幼儿的经验与学习

《指南》语言部分提过：通过语言获取信息，幼儿的学习逐步超越个体的直接感知。在幼儿的讨论、商量中，教师并没有过多地干涉幼儿的想法，而是让更多的幼儿参与其中，鼓励他们说出自己心中的想法，同时引导幼儿主动思考：如果开店铺想要准备怎样的美食？在讨论中，教师逐渐和幼儿一起商量出了选择美食的原则，有了这些原则，幼儿挑选起美食来也会思考更多。

教师的思考与支持

教师鼓励幼儿进行小组讨论,每组推荐一样美食,刚开始的时候,教师还担心幼儿会发生争执,或者没有想法。但在热烈的讨论中,幼儿不但对美食有了思路,而且还讨论出了确定美食种类的原则,这是教师没有想到的。当幼儿推选出了不少的美食品种之后,教师既欣慰又担心,欣慰的是幼儿根据自己的已有经验推选了不少的美食,担心的是,如果大家都来制作美食,那么谁来买呢?如果大家都想做工作人员怎么办?如果大家都想做品尝美食的那个人怎么办?但仅仅担心是无用的,还不如把这些问题抛给幼儿,共同讨论出合适的方案。

二、动动手——技能练兵

基于之前的讨论，我们已经把美食品种基本定了下来，接下来该怎么办呢？

教师："昨天我们已经按小组推荐了美食，接下来你们准备做什么呢？"

颖颖："老师，我想做制作美食的人，我很爱干净的。"

林林："我也会做寿司，之前阿姨还夸我做事细心呢！"

佳佳："我也想做好吃的串串，卖给大家。"

教师："这么多人都想当小小美食家呀！谁才是更加合适的呢？"

吉吉："老师，让大家都来试着做做看吧，我妈妈说了'光说不练可不行'。"

大家听了都哈哈大笑起来，老师请一位值日小班长来做小小调查员，老师做助手，让小朋友选择自己感兴趣的美食并进行人数统计，有三分之二的小朋友都举手表示同意这个方法。

和食堂联系好材料后，我们就进行了一部分美食的分组技能练兵，让小朋友选择自己感兴趣的美食来尝试动手操作，这次尝试的是美味寿司、缤纷串串和小馄饨。活动前，我们进行了简单的技能的回忆，制作完成后，我们又进行了一次小分享。

彬彬："这个小馄饨比我想的难做，我捏了几下很容易松掉呢。"

佳佳："缤纷串串我穿的时候可注意颜色搭配了，而且不能心急要细心，不然很容易戳到手。"

林林："我感觉我还是去做收银员吧。"

丰丰："我们这么多人都在做东西，到时候会不会没有人去买好吃的呀？"

丰丰提出的这个问题也是老师之前担心的问题，既然丰丰提到了，那就和小朋友一起讨论下，说不定会有不错的建议呢？

教师:"是啊,丰丰提到的这个问题,如果很多人都想去做制作员、收银员、服务员,那来光顾店铺品尝的人不是很少了吗?"

林林:"我很想当来吃的人,可是我又怕制作的人不够,所以我想了想还是当美食制作人员吧!"

彬彬:"我们以前玩游戏的时候不是还去隔壁班级玩,可以让别的班级一起来参加啊!"

图10 小厨师技能练兵

幼儿的经验与学习

《纲要》提到"教育活动内容的选择要既贴近幼儿的生活来选择幼儿感兴趣的事物和问题,又有助于拓展幼儿的经验和视野"。

技能练兵是为美食广场的开展做好经验上的准备。我们幼儿园多年来一直开展美食课题,幼儿在美食活动中有很丰富的操作经验,在这次活动中幼儿充分调动了以往的学习技能,经验得到了贯通。

一位幼儿"邀请其他班级小朋友"的建议得到了班里很多人的支持,年级组教师讨论商量后,也决定尊重幼儿的建议,大家一起参与进来,每个班都制作2种美食,这样一来十几个摊位同时进行,倒还真有点美食广场的感觉呢!当幼儿得知他们的想法得到支持和肯定时,那种满足感和成就感便是下一步活动的来源和动力。

教师的思考与支持

教师对这样的活动也非常期待,当然我们也很清楚从一个小小的班级美食制作到一个年级组的美食广场,看似不复杂,其实其中涉及了方方面面的内容。而联系到《纲要》中的"各领域的内容要有机联系,相互渗透,注重综合性、趣味性、活动性,寓教育于生活、游戏之中",这不正好是一次实践的机会吗?一方面我们并不急着引导幼儿如何做,而是和幼儿一起再次商量如何举办好这样一个活动,群策群力;另一方面我们预估到幼儿可能会遇到一些问题,碰到一些困难,但是这未尝不是一件值得期待的事情,要相信幼儿有解决问题的能力,有合作的能力,有沟通的能力……教师始终是幼儿的支持者、合作者。到了大班,教师更要充分相信幼儿,给予幼儿充分发言的机会,鼓励幼儿敢想、敢做、敢于实践,正所谓"实践出真知"。当然参与过后别忘了让幼儿交流自己的感受,让他们"有感而发"。

三、竞选工作人员

既然活动方案有了调整,年级组的美食广场就不再需要那么多的工作人员,可是想要参与的孩子还是挺多的。选谁好呢?怎么选呢?

教师:"大家都知道我们的美食广场有了新的变化,既然有那么多的小朋友想要参与,那我们可就要竞争上岗啦!想好你们自己想要竞选的岗位,并且说说自己的理由!"

茗茗:"我这次想要竞选的是服务员,我做事情很细心,而且我也很乐意帮助大家,希望大家选我!"

涛涛:"我的算术很好,最主要的是我算得很快,我希望大家能够选我做收银员,我一定会努力做好的。"

凯凯:"我想成为一名保安,我觉得保安很神奇,而且保安还要提醒别人排队,不要落下东西什么的,这些我都会,因为我没有做过工作人员,所以很想试一试。"

大可:"希望大家选我做服务员,我在家里也帮奶奶做过家务。"

图11 竞选收银员——口算大比拼

图12 我们是投票选出的工作人员

我们的美食广场

幼儿的经验与学习

每个幼儿的性格都不一样,有的活泼外向,有的文静内向。在这样的互动过程中,幼儿不仅仅是语言表达能力进步了,在集体面前也更加自信大方,不断提高劳动技能、数学能力等。在举手表决的过程中,请投票幼儿说出自己投票的原因,请幼儿之间交流"好的地方以及还可以进步的地方",让竞选的幼儿得到多角度的评价,同时幼儿的倾听能力也能得到锻炼。

教师的思考与支持

人们常常说:"兴趣是最好的老师。"从幼儿自己想要参与竞选的那一刻起,幼儿自身的内驱动力便产生了。当然教师也尽量尊重幼儿的选择,那些未参与竞选工作的幼儿就一定没有发展了吗?未必,他们倾听、参与投票、阐述投票的原因,也是参与其中。既然是竞选,就有可能落选,对于落选的幼儿,教师也要适当引导其更好地面对小挫折,这些感受和过程,也是幼儿的"获得"。

四、准备活动好忙碌

教师:"美食广场马上要开业了,我们除了美食的制作,还需要做哪些准备工作呢?"

彬彬:"我们要让大家都知道我们制作的是什么美食,大家喜欢的话都来吃。"

林林:"那可以制作一张很大的广告牌宣传我们的美食。"

萱萱:"招牌上也要画上我们制作的美食,我们的美食卡、工作证也还没有呢!"

蔡蔡:"可是那么多东西,我们要先制作哪个好呢?"

教师:"我们能不能分工来制作呢?"

彬彬:"对,我会画我们的美食缤纷串串,我来弄这个吧!"

孩子们在教室里分成几个大组来分工合作,有的制作宣传单,有的制作海报,有的制作工作证等,共同做好这次活动的前期准备工作。

图 13　幼儿正在制作招牌

图 14　幼儿制作的招牌

图 15　幼儿制作的工作证

图16 幼儿制作的海报

幼儿的经验与学习

其实幼儿有过分工经验，但是在活动刚开始的时候并没有马上联想到，因此教师引导幼儿进行了内容的罗列和分工，幼儿回忆起之前的经验后就知道怎么做了。制作活动中的内容很多，幼儿自由选择自己认为比较擅长的内容，发挥自己的优势。这些内容不仅考验了幼儿在艺术活动中的表现力和创造力，同时也考验了幼儿手部动作是否灵活协调。

教师的思考与支持

　　幼儿在自由选择制作内容的时候，教师是有担忧的：怕有的制作内容没有人或是很少有人选择。的确刚开始时，很多幼儿都选择了海报的制作，有个别幼儿发现人太多后主动去寻找其他制作内容的小组。教师及时在大家面前表扬了这样的行为后，有部分幼儿也开始关注起这个问题，最后每一项制作都有制作人员。遇到问题时，经过教师的引导后，幼儿自己也能发现问题，逐步调整。有时候不完美也是一种美，正是在这样的一次次调整中，幼儿的思维才会越来越缜密，思考内容才可能更加周全。

五、小小宣传员

每一个孩子都是班级的小小宣传员，他们首先是在自己班介绍美食，其次是在平行班介绍自己班的美食，最后还要向弟弟妹妹们介绍自己班的美食。因为宣传的场地和次数很多，所以人人都有介绍的机会。介绍结束之后，孩子们再次回到自己班级，和同组的小朋友们再一起交流。

茗茗："我去中班介绍的时候，有点害怕，但凯凯帮我进行了补充。"

吉吉："我还和弟弟妹妹们介绍了如果来我们摊位会有小礼物送，他们都想知道是什么，我先不告诉他们，让他们来了才知道。"

大可："我差点忘记介绍时间和场地了，还好有丰丰提醒我。"

图17 带着宣传册去做宣传

图18 一对一服务,介绍要仔细

我们的美食广场

幼儿的经验与学习

《指南》明确指出幼儿期学习品质的重要性，学习品质指幼儿在活动过程中表现出的积极态度和良好行为的倾向。通过幼儿的分享，教师才知道还有如此多的"内幕"，原来幼儿按小组去介绍的过程中发生了各种小问题，但是幼儿运用个人智慧或是同伴帮助很好地解决了这些问题，这不仅是锻炼幼儿语言表达能力的一个机会，也蕴含着对幼儿的临场解决问题能力、团队协作能力的考验。

教师的思考与支持

刚开始的时候,教师更多的是把这个活动目标定位在语言领域的"能清楚地说出自己想说的事",后来才发现原来不止这些,还有社会领域方面的"乐意与人交往,学习互助、合作和分享,有同情心"。在去平行班级介绍内容的时候,教师不可能跟在每一组后面拍照、观察、记录,因此有些小组的介绍宣传是需要幼儿独立去其他班级的。回到班级的时候,教师觉得很有必要让幼儿说说刚刚发生的事情,谈谈自己的想法。

六、有必要进行"试吃会"吗

大部分的准备工作都完成了,接下来就可以开美食广场了吗?其实孩子们还是有很多疑问:"我们的食物会受欢迎吗?人太多了怎么办?"……一个孩子提出:"我们能不能先在班级里试一试?"老师们对幼儿的"试吃"活动进行了审议。

严老师:"孩子们已经迫不及待和我们说他们想在'美食广场'吃东西啦!那我们怎样知道

图19 教师审议"试吃"活动

孩子们想做的食物口味会不会受到大部分孩子的欢迎，同时食物的量如何控制？"

园长："大家回忆一下，我们去超市、美食街等地方，是不是经常会看到小推车上提供的试吃样品？"

沈老师："对，如果好吃我就会去买这样的商品。那我们是不是也可以来组织一次试吃会？"

张博士："老师们有没有考虑到，你们怎么统计某样食品的受欢迎程度，不仅仅是老师知道，更要让孩子也能够一目了然。"

园长："我建议你们在每个摊位前架一块类似点赞牌的东西，如果孩子觉得好吃，就在上面贴一张贴纸或敲一个印章，便于统计食品的受欢迎程度。"

沈老师："试吃的时候干湿点心都能放在碗里，那制作的饮料倒在哪里喝呢？都用一次性杯子太浪费了吧？"

周老师："如果每个人都去试喝的话就用自己的杯子，大家觉得呢？"

……

图20 "试吃会"的点赞牌

围绕"试吃会",老师们从人手、安全、指导、材料工具准备等全方位考虑,预设了一些"试吃会"上可能会影响孩子们活动的问题,初步讨论出了一系列的解决方案。回到班级后,老师再和孩子们进行商议、讨论时也更加有把握了。

"试吃会"开始之前,工作人员已经开始陆续忙碌了起来,对原材料进行清洗、加工,先制作好一部分美食,等等。试吃时间到了,孩子们拿着试吃券有序地选择着各种美食,有的孩子是独自去的,有的孩子是和小伙伴一起去的。

在试吃的过程中,孩子们吃得很开心,工作人员也很忙碌,但是在一旁观察、协助的老师们还是发现了不少问题,他们在年级组审议中及时分享这些问题,提出自己的困惑,寻求解决问题的途径。

陈老师:"孩子们虽然吃得很开心、玩得很开心,但是部分孩子在活动中只注重吃。"

刘老师:"我也有同感,而且好多孩子之间没有过多的交流,就是简单地围绕'这个多少钱''我要吃什么'。"

王老师:"对的,有些孩子在活动过程中卫生习惯也比较差,吃完就走,不整理。有些孩子没有吃完就把食物扔在桌子上,浪费了食物。"

朱老师:"作为工作人员的孩子,有的是对于自己的工作内容不是十分清楚,有的是手忙脚乱,有的是无所事事,部分孩子不知道自己该做什么。"

周老师:"活动结束后,班级的老师和阿姨花了很长时间去整理活动场地,孩子们并没有参与其中,可以怎么调整呢?"

年级组长:"我们还是得回到这个主题的总目标,帮助幼儿了解、熟悉与自己生活有关的人及他们的劳动,使他们初步感受人与人之间、人与社会之间相互依存的关系。教育幼儿尊重人们的劳动,珍惜劳动成果,能积极参与劳动并从劳动中获得乐趣。所以我们要反思一下,怎样才能更好地引导幼儿?"

图 21 "试吃会"中的工作人员

幼儿的经验与学习

《指南》提到"幼儿的学习是以直接经验为基础，在游戏和日常生活中进行的"。在"试吃会"中，顾客熟悉了场地、食物以及购物的方式，工作人员实际演练了自己的工作流程，大家都对美食广场和活动规则有了进一步的了解。点赞牌的使用让幼儿了解自己班级的食物是否受欢迎，及时调整准备材料的数量，等等。但是出现的问题也不少，一是部分幼儿的卫生意识有点差，用过的餐巾纸随地乱扔，且用纸量比较大，缺乏环保意识；二是食品浪费情况严重，幼儿什么都想吃，但没有考虑到自己能不能吃完，反映出幼儿试吃之前缺乏提前规划；三是工作人员对自己的工作职责不够清晰，缺乏服务意识，在活动中不够投入

教师的思考与支持

在这样"拟真"的活动中,幼儿可以既是模仿着大人的活动,又是创造着独一无二属于他们自己的活动。正是这样,幼儿才会如此期待这样的活动,但是教师在这样的活动中扮演的角色是什么呢?帮助者?协助者?旁观者?……通过年级组的审议活动,教师会看到更多幼儿的"闪光点"以及不足,同时更好地统筹年级组的工作,而安全等问题也得到了园领导的大力支持。年级组的审议会让教师观察更多、发现更多、思考更多。

教师有了观察、有了问题、有了思考,但是并不直接把这些"答案"告知幼儿,而是鼓励幼儿来谈谈他们自己的解决方案,这样的活动才能更好激发幼儿的兴趣和潜能。

图 22　工作人员布置场地

一、工作人员提前准备

一大早,轶轶兴致勃勃地走进教室:"晚上我做梦都是美食广场,太期待了!我们什么时候开始?"

瑶瑶:"我带了10元,要吃的东西太多了,纸杯蛋糕、比萨……"

涵涵:"今天妈妈要和我一起工作。"(美食广场邀请了家长志愿者)

等吃完点心洗好手,服务员们就热火朝天地忙碌了起来。首先,不同摊位的工作人员进行了场地的布置,在之前"试吃会"后要调整的摊位补充了操作台、椅子,铺好了桌布,将每个摊位所需要的工具分开放在操作台上。孩子们帮忙搬运东西,小组合作摆放物品,把海报放在摊位前最显眼的位置。

一诺:"老师,我是服务员,是不是要准备抹布,等会可以擦桌子用。"

馨馨:"老师,垃圾桶在哪里?"

教师:"我们可不可以做环保小卫士,把垃圾扔在不用的大纸箱里。"

孩子们去每个班级收集大纸箱,并且告知其他班级的服务员也来收集。

摊位上的厨师和服务员正在清洗、处理食材,因为准备工作内容比较多,他们主动提议可以请没有工作的小朋友一起帮忙,看看哪些地方需要整理。在所有工具和材料到位以后,剩下的时间孩子们就提前开始准备一些成品了,以便客人可以随到随买,随买随走。

图23 工作人员提前准备食品

幼儿的经验与学习

幼儿社会领域学习与发展的实质在于社会化,即社会性不断发展并奠定健康个性的基础。人际交往和社会适应是幼儿社会学习的主要内容,也是其社会性和个性发展的基本途径。实习场活动是幼儿在真实场景中的一次深刻的体验,他们能够在最真实的环境中,操作材料和同伴互动。在这个过程中,幼儿积极地适应环境,与社会环境建立起和谐的关系,不断促进其学习和发展。比如,在"试吃会"结束后,幼儿提出了美食广场需要调整的地方:场地小,操作空间不足;有些食物不受欢迎,数量准备不合理;工作人员配合度不够;等等。幼儿边讨论边解决,有分工合作,有经验总结,其社会性发展在正式活动的准备中有了较好的体现。

教师的思考与支持

教师和家长是幼儿社会学习的重要影响源,幼儿的社会性培养更需要家庭、幼儿园和社会的密切配合。教师在活动中给幼儿提供材料、空间、时间上的支持,引导幼儿主动思考,丰富经验,比如在每一次的谈话活动中,先把问题抛给幼儿:"如果遇到困难看看自己能否解决?能想什么办法?你可以怎么做?"跟随幼儿的兴趣点,激发他们的创造力、表现力。

实习场活动中,教师请来了家长志愿者,家长参与其中,一方面能够进一步了解幼儿园的课程,了解课程对幼儿发展的重要性;另一方面也增进了亲子的感情,家长全程协助幼儿,积极地给予帮助,让幼儿独立完成任务的同时感受活动带给他们的快乐体验。

图 24 售卡处

二、活动开始啦

1. 售卡处

当《花朵之歌》的音乐响起时,客人们来到了美食广场售卡处,一共有 6 个售卡处售卖美食卡。客人们买好后再去各个摊位选择相应价格的食物。这些收银员可都是通过口算竞赛脱颖而出的,虽然来购卡的客人很多,但是收银员算数的速度也很快,售卡处没有出现拥挤、等待的情况,非常有序。收银员负责收钱、找钱、退卡的工作。孩子们大多购买了10元的美食卡,迫不及待地去选择食物了。

萱萱排在最后一个,她把自己的钱包打开,从里面拿出了一张5元钱。

2号售卡处的工作人员问:"这里美食卡都是10元的,你怎么给我5元呢?"

萱萱:"我就想买5元的。"

工作人员:"你有几块钱啊?"

萱萱掏了掏钱包:"还有硬币。"

工作人员:"那你要不要买10元的?"

萱萱摇摇头。工作人员想了想:"好吧,我给你5元的。"他开始撕代表1元金额的纸条,口中数着:"1、2、3、4、5,好了,给你吧。"

萱萱高兴地拿着自己的"5元"走了。

图25 孩子制作的美食卡

幼儿的经验与学习

我们期望儿童能发现生活中有许多问题都可以用数学的方法来解决，这既强调了数学与日常生活之间的联系，又强调了解决问题能力启蒙的重要性。幼儿涉及的数学问题往往与日常生活和游戏中的比较多少、分享食物和玩具、钱币的使用、比较与测量、使用工具解决数学问题等活动有关。活动中制作、购买美食卡环节对应《指南》科学领域数学认知目标中"大班幼儿开始理解量的相对性，知道10以内数的守恒"。美食卡的设定和安排是教师和幼儿共同商量决定的，大家认为带10元比较合适，这样可以吃到自己想要吃的3—4样美食。整个活动过程对于发展幼儿的认知能力和提高思维水平有着重要的意义。

教师的思考与支持

教师在活动中引导幼儿独立思考是极其重要的,解决问题是幼儿学习认知的重点,也是数学学习的基本途径。幼儿思维具体形象性的特点更加凸显了直接感知、亲身体验和实际操作对幼儿数学认知的重要意义。售卡过程中,有幼儿并没有一次性购买10元的美食卡,而是用事先准备好的5元钱购买5元的美食卡,工作人员提出自己的建议,在交流过程中不断协商,探索新的学习方法。教师要给予幼儿实施想法的权利,支持他们的个性化发展,让他们在处理问题的过程中产生积极性、能动性,不断增强自信心。

萱萱购买完美食卡后，售卡处的第一部分工作就完成得差不多了，但工作人员还没到换班的时间，所以要坚守自己的岗位。接着他们开始讨论了起来。

晨晨："看我今天赚得好多啊，这么多钱。"

琪琪："我的比你多。"

老师提出让他们来看看钱币的数额，他们开始点数着自己筐里的钱，有 1 元、5 元、10 元的。

晨晨："老师，钱太多了，不会数。"

教师："能不能分开数，一种面值的一起数。"

他们先把最大的 10 元面值拿出来，一张一张地叠在一起，接着把 5 元的拿出来，最后数 1 元的硬币。中间还来了几位客人买美食卡，打断了他们的点数，他们摇摇头："有点搞不清楚了。"只见筐里面的钱币又堆在一起了。

教师："我们可以找一些工具来整理这些钱币。"

琪琪："再多拿几个筐吧，把 10 元、5 元、1 元的分开来可以吗？"

他们请老师帮忙提供了一些小筐和小夹子，开始把不同面值的钱币分开放，并用小夹子把纸币夹起来，这样数起来就方便多了。

图26 工作人员整理钱币

美食广场正式开业了

幼儿的经验与学习

《指南》中科学领域涉及有关区分、排序和模式的初步技能，如要求幼儿"能对事物进行观察比较，发现其相同与不同""能发现和体会到按一定规律排列的物体比较整齐和美观"。"这么多钱都放在一起太混乱了"，这可以成为一次新的挑战和尝试，要把钱币整齐地分开并点数是不容易的，一方面幼儿不能离开自己的岗位去寻找材料，另一方面还有不停来购买美食卡的客人。应该怎么做呢？幼儿展开了讨论，决定根据钱币的不同面值先分类再点数，这一过程中幼儿的数学认知和表达交流的能力得到了进一步发展。

教师的思考与支持

皮亚杰说:"告诉不是教学。"要让传授的知识对幼儿有意义,教师就要引导幼儿把已有的知识与经验做一个链接。当幼儿售完美食卡无所事事的时候,教师提出让他们一起整理钱币,问题来了:幼儿能数清楚这些大量的钱币吗?作为活动的支持者和引导者,教师要给予幼儿最大限度的帮助,物质准备上要提供材料,经验准备上要有解决方法,给他们提供更多的筐把钱币分类整理,也是为了后续可以更好地知道每个售卡点的营业额。幼儿在点数的过程中可能会发生困难,但这里有同伴的互动学习,产生的问题能在场景操作中解决,这对幼儿来说印象更为深刻。

2. 摊位处

购买好美食卡的客人来到了各个摊位上选购食物,大家在摊位人比较多的情况下都能有秩序地排队,耐心等待,几乎每个摊位上都有很多的客人。有的工作人员没能够一下子进入状态,在叫卖的时候还有些放不开。但是随着客流量越来越大,他们的工作热情也逐渐被调动起来,做生意的时候越来越主动,一看到有客人从摊位前经过就会马上推荐起自己的食物来。厨师们也忙碌起来,趁着没有客人排队的时候,先提前准备一些美食,这样客人就不用等待很长时间了。经过厨艺练兵,厨师们的动作都很娴熟,有条不紊地进行着每一个步骤。服务员们看到桌面上有客人吃剩下的东西,就赶紧收拾好扔到了垃圾桶

图27　摊位开始营业了

图28　服务员工作忙

里,看到打翻的果汁及时用抹布擦一擦。

最忙的就是摊位上的收银员,收银员要拿着客人的美食卡,按照美食的价格来撕美食卡上的纸条。轶轶来到了香香豆腐花摊位:"我想要一碗豆腐花,多少钱啊?"收银员:"2元钱一碗。"说完拿过轶轶的美食卡,他的美食卡上已经吃得只剩5元了,收银员很快

图29 轶轶的3元钱

速地撕下5张纸条,又和服务员沟通好,请客人坐到桌子边等,轶轶想也没想就坐在旁边等了。过了一会,一碗香香豆腐花端了上来,轶轶美美地品尝着,边吃边和同伴交流自己花了10元钱吃了什么。从交流中得知,他今天是按照自己的购买计划吃的,一共要吃5样食品,已经吃了2元的小馄饨、3元的西米露、2元的香香豆腐花,还要吃1元的巧果,2元的可可布雷。说完以后他似乎想起来什么:"不对啊,刚才我有5元呢,豆腐花只有2元,那要找我3元。"他走到收银员面前:"你刚才没找我钱,豆腐花不是2元吗?"收银员太忙碌,没有听到轶轶的话,轶轶看着有些着急,摸着脑门一下子向外面跑去了。老师看到了,问:"这是怎么了?""我的钱不对了,那个收银员没有找我钱。"轶轶一路跑向售卡处说明了情况,"我还有3元呢,她没有找给我,我还有没吃的东西。"售卡处的工作人员表示这要去问摊位的工作人员,她也帮不了忙。轶轶有些难过,低着头又跑向摊位。这次摊位上终于空了,收银员同意返还轶轶3张纸条,轶轶满足地走了!

幼儿的经验与学习

教师在活动中要给幼儿充分的时间和空间，让其观察、验证，从而发现问题，巩固或调整自己的认识，主动自我建构知识与经验。美食卡的使用在实际操作过程中遇到了各种问题，这是幼儿没有预想到的，因为美食卡上的面值不同，幼儿需要清楚地了解每种食物的价格。特别是对于根据自己的购买清单品尝美食的幼儿来说，当出现实际与自己的计划不符的时候，他们就会遇到或少或多的问题。其中找零的问题对收银员来说是一个较大的考验，教师要注重此过程中幼儿的发现，通过提问、建议等方式引导幼儿向科学概念迈进。

教师的思考与支持

教师预设了幼儿可能会出现的问题，因此在每个收银台上提供了一定数额的零钱，美食卡上的面值不同也是为了让幼儿能在出现问题的时候有思考的能力。教师提供了多样化的学习机会，帮助幼儿对周围环境及事物产生积极的反应，并鼓励他们在活动中坚持不懈，主动获得知识、发展社会适应性，这对他们未来自觉学习知识、创造性地解决问题和改造世界都会产生长远的影响。另外针对幼儿使用美食卡经验不足的情况，教师也有一些思考，是不是可以把购买美食卡的经验前置，让幼儿先学会如何购买美食卡，比如中班下学期的角色游戏时，可以在超市、小吃店等购买游戏中渗透购买美食卡的经验，由易到难，先从5以内的计算开始，逐步学习，既能有效解决实习场活动中操作的困难，也能帮助幼儿更好地提高数学换算的水平。

　　客人越来越少了,可是还有那么多美食没卖完,怎么办呢?降价是一个不错的主意,可是大家都已经吃饱喝足了啊。要不,去和弟弟妹妹们分享吧!每个班级选出两位工作人员做了一次快递员,把打包好的食品送给弟弟妹妹们,看着弟弟妹妹们脸上的笑容,孩子们也感到特别的高兴。活动即将结束,工作人员进行了新一轮的打扫和整理工作,有的忙着搬运工具,有的擦桌子,还有的归还桌子椅子。

图 30 "好消息，降价啦！"

图 31 和弟弟妹妹们分享美食

美食广场正式开业了

一、美食广场结束了

1. 讨论与分享

回到教室后,大家对当天的活动展开了讨论与分享。

瑶瑶:"我吃了3样东西,还有钱没花完。"

姗姗:"有人把吃的东西打翻在地上。"

果果:"我的票弄丢了一张。"

琪琪:"原来我想先去吃小馄饨的,可是人实在太多了。"

妞妞:"我原来没有计划吃比萨的,可是看着很美味我就去买了。"

孩子们的感受太多了,各个都想表达,老师建议大家把今天的感受画下来。

第二天的升旗仪式,孩子们把心中对这次美食广场的感想进行了表达分享,他们在集体面前说出了自己对工作的想法、品尝到美食以后的喜乐、对以后再开展这样活动的期许,展现了大胆和自信。

小宝:"我是做寿司的厨师,这是我第一次做工作人员,很辛苦,客人多的时候我忙得不停,虽然我自己没有品尝到,但是我觉得很高兴。我希望下次再做工作人员。"

辰辰:"我是客人,参加美食广场非常开心,因为吃到了我计划里的所有食物,10元全部花完了,我还请我的好朋友品尝了比萨。"

毛毛:"我们的摊位是生意最好的,香香豆腐花很受欢迎,大家都来吃,我们赚了很多钱。"

果果:"妈妈这次和我一起参加了幼儿园的活动,妈妈说美食广场工作真的很辛苦,但是我不怕辛苦,轮岗的时候我也给妈妈买了她喜欢吃的食物,结束以后我还和妈妈一起把摊位打扫得干干净净,老师夸奖了我,给了我们小组五角星,我感到非常高兴。"

琪琪:"我是收银员,收银员的工作有点难度,要收钱还要找钱,要先算好价格再撕票(纸条)。"

孩子们想说的还有很多,相信每个参加活动的孩子和家长都收获颇多。孩子们在表达的过程中回顾经历、总结经验,这将是他们大班实习场活动中一次有意义的体验。

图32 成长日记(一)

图33 成长日记(二)

美食广场的后续

幼儿的经验与学习

通过自评、他评、表征记录的不同形式分享总结活动过程,对幼儿的学习与发展有着重要的意义。幼儿在整个活动中挑战不断:工作人员要能熟练地操作材料,学习使用各种工具;收银员的计算能力面临一定的挑战;客人要按清单价格计划自己所能吃的食物。活动中,幼儿的语言表达清晰自然、有逻辑性,能叙述发生的事情,并对产生的话题展开讨论,通过讨论找到解决问题的办法,并努力实施。幼儿能在活动中建立良好的同伴关系,人际交往能力也有所提高。

教师的思考与支持

教师帮助幼儿在活动中梳理经验，调整学习方法，努力创设一个能够激励幼儿主动投入、积极学习的教育环境，把《指南》的目标或意图蕴藏在环境中，让幼儿通过环境，与人与物互动，模仿、体验、探究，耳濡目染、潜移默化地向着《指南》的方向发展。活动后教师带领幼儿进行反思，鼓励幼儿并为其提供机会进行交流，让每个幼儿都能表达自己的观点，比如摊位的卫生问题、美食辅助材料的回收问题、摊位钱币分类整理的问题、摊位找零的问题和购物卡经验不足的问题等，在讨论中都得到了有效的解决。教师引导幼儿画了成长日记，把自己的所思所想所感记录下来，回顾的同时也是提升经验，对自己在活动中遇到的问题通过什么方式解决做了整理。

2. 赚了多少钱

美食广场活动结束了,孩子们收获颇多,他们开始点数自己赚到的钱。因为大多是一元的硬币,钱的数量是比较多的,所以大家分成了几组来数钱。孩子们开始数的时候用了一个一个数的方式,但是数了两遍发现数出来的数量是不一样的。姗姗想到了一个好办法,他们小组先将硬币一个一个地叠在了一起,10个为一叠,然后将叠好的硬币放在一起,一叠一叠地数,最后加上零散的几个硬币,算出了这一组钱的总数。

3. 赚来的钱怎么用

"赚来的钱怎么用"又成了大家讨论的焦点。齐齐说:"我们可以给自己买点好吃的东西。"马上有其他孩子提出可以为班级添置一些需要的物品,比买吃的东西更好,这个提议得到了一部分孩子的赞同。同时,由于班级中是有听障儿童的,在平时的活动中,老师会引导班级中其他孩子多关注和帮助他们,孩子们自然地就关注到了这部分特殊的孩子,觉得将自己的劳动成果为这部分孩子做些事情也是很不错的方案。

图 34 数一数，赚了多少钱

幼儿的经验与学习

幼儿是学习的主体，关注幼儿的课程审议是教师追求课程适宜性的过程，是引导幼儿主动、积极、创造学习和生活的过程。课程审议中教师每一次从分歧到共识、从问题到解决都是互相学习、不断进步、不断重新认识幼儿经验与发展的过程。有效的课程审议，将更加促进幼儿主动、积极、投入地参与幼儿园的各种活动，也必将促进教师互相学习、不断进步、取长补短。而在这个过程中，最大的受益者也必将是幼儿和教师。

教师的思考与支持

至此,整个主题活动也画上了句号。在主题开展之前,教师只是搭建了主题的大致框架,并未对主题中的活动有太多的预设,主题中的每个活动都是从幼儿的某一个兴趣点和经验点出发,慢慢地向周边拓展,拓展出一系列的小活动。幼儿对自己在活动中的目的是十分明确的,他们成为活动的主人,知道了我要做什么,并学着去思考怎么做。在教师的引导下,幼儿一步步地完成自己的目标,让主题中的每个活动都更有品质和深度,而非流于形式。在整个主题网络形成的过程中,教师始终关注着幼儿的兴趣和经验,这一点是至关重要的。主题中的活动内容都是来源于幼儿的兴趣与经验,而教师所要做的就是大胆地放手。

教师紧紧围绕这个主题的总目标,帮助幼儿了解、熟悉与自己生活有关的人及他们的劳动,初步感受人与人之间、人与社会之间相互依存的关系;教育幼儿尊重人们的劳动,珍惜劳动成果,能积极参与劳动并从劳动中获得乐趣。这个主题是以"美食广场"这一中心事件逐步展开的方案,走向和主题形式的教学活动有所差别。方案式的活动形式更为完整,前期需要幼儿更多地参与,包括和教师及同伴之间的讨论。教师要善于发现幼儿的兴趣点以及经验缺失较多的方面,关注活动与活动之间的关联性,重视小组活动的意义。教师的关键作用在于通过自己的观察分析,把握下一步活动的走向。

二、爸爸妈妈有话说

爸爸妈妈们根据自身的特长，为本次活动提供了经验和物质上的支持。比如，明明妈妈善于西点制作，改良了比萨的材料及制作方法，降低了制作难度的同时，提高了孩子的参与度；西西妈妈带来了棉花糖机，同时提供了精美的纸棒，既方便美观又卫生安全。活动后家长反馈的内容也很丰富，充实了课程资源包。

彬彬爸爸："我家宝贝回来之后就一直在不停地说着幼儿园要开'美食广场'，她已经想好了自己要吃的东西，还算着自己一共要带多少钱，一直在问还有几天才开始，那兴奋的样子就像要带她出去旅行一样。"

七七妈妈："这次'美食广场'对小朋友来说很是期待，本来吃点蔬菜总是要这样骗那样骗，这次活动后居然自己主动说要多吃点蔬菜，荤素搭配才健康。看来还是幼儿园里的活动影响大啊！希望可以多进行类似的活动！"

大可妈妈："我们家小的平时在家不太做事，她回来说自己想要应聘厨师时，我还有点吃惊呢！不过看着她这么想要参与，想着不要打击她的自信心，后来看到网站上老师拍的照片还比较有模有样，原来她在幼儿园真能胜任'小厨师'呢！真不敢相信，感谢幼儿园给了孩子们这样的活动机会。"

很多家长虽然没有参与到这次活动中来，但是从家长给我们的反馈中可以看出，他们对"美食广场"这个活动的认可再也不局限于幼儿究竟学到了什么东西，而在于重视幼儿在活动中的感受和体验。

后记

为期一个多月的活动，幼儿从偶然了解到"美食广场"到以举办一个"美食广场"活动为驱动开展了一系列的活动。其间幼儿围绕"美食广场"这一课程资源逐渐投入自己所从事的"工作"中，通过参观、讨论、实际操作，不断调整自己在"工作"中的行为，发现自己和同伴在"工作"中的价值，体验了被尊重、被需要的快乐。作为教师，在活动过程中不断审视和调整自己的角色，充分挖掘课程资源，支持幼儿在生活中、在探索中学习，通过"工作"改造和重组自己的生活经验。回顾整个活动进程，我们有以下几点感受。

一、关注幼儿是开发与利用课程资源的基础

课程资源充满在我们的生活中，等待着我们发现和利用。而幼儿本身也是我们最重要的课程资源之一。大部分的课程资源都源于幼儿的好奇与发现，他们的每一个提问，每一声赞叹都可能是课程生发的契机。教师要将幼儿的每一个点滴看在眼里，并运用专业的行为支持幼儿的进一步探究和学习。比如，幼儿在分享节假日见闻的时候对"美食广场"这个话题讨论不断，也常常会流连在"假日小报"前讨论

美食广场的话题，这些都是幼儿兴趣的体现。教师抓住了这一教育契机，这才有了后面的一系列活动。幼儿以往活动的经验也是一种课程资源。比如，参观美食广场前，幼儿充分利用了在以往活动中积累的小记者工作经验，生发了对美食广场工作人员进行采访的活动。在采访过程中，幼儿通过直接感受、分享讨论、分工合作，再次体验了小记者的工作，了解了美食广场中各类工作人员的工作特征，同时也丰富了小记者工作的内容和形式，经验得到了螺旋式的上升。作为教师，应该积极引导幼儿主动地、创造性地利用一切可用资源获得生活经验，让幼儿在主动参与、交流合作、探究发现中得到发展。

二、尊重幼儿的需要是开发与利用课程资源的根本原则

课程资源的开发与利用都应该遵循幼儿的兴趣和学习规律。课程资源可以源于幼儿对事物的好奇。课程资源的利用也应充分尊重幼儿对资源的理解和需要，而教师所要做的就是大胆的放手。需要说明的是，这里所说的"放手"，是一种"有准备的放手"。在放手让幼儿活动的过程中，教师始终专业地陪伴在幼儿的身边，捕捉有价值的契机，给予幼儿适时适宜的指导，充分体现教师的专业性。

在"美食广场"这个拟真的环境中，幼儿自己决定所有活动的走向，自己动手完成所有的工作，在忙碌中逐步建构经验，发展了发现问题、解决问题的能力。比如，在"美食广场"中无论是食物的确定还是工作岗位的竞选，抑或是对于班级美食的受欢迎程度的调查，都是幼儿在活动进行过程中不断地发现问题，产生解决问题的需要，然后通过反复讨论、合作、协商将活动走向深入。在此过程中，幼儿的语言表达与社会交往能力在不断发展。在开展"美食广场"时，幼儿需要自己准备美食，这些美食对于口感、外形有一定的要求，因此需要幼儿有较好的精细动作能力；在"美食广场"活动过后，幼儿会回顾活动情况，当然每个幼儿表达自己感受的方式是不同的，在美食广场中，幼儿可以用图画、语言等多种方式表达自己的收获，并在集体中分享。教师在活动中始终关注着幼儿，根据幼儿的需要不断变换自

己的角色。他们可以是安静的观察者，用影音设备和纸笔记录幼儿的行为和语言；他们可以是默默无闻的参与者，在幼儿出现困难停滞不前时间接地给予提示和帮助；他们也可以是"麻烦"的制造者，以顾客的身份给店主制造问题，激发幼儿解决问题的能力……维果茨基曾说："游戏是幼儿自己创造了最近发展区。"而"美食广场"最大的魅力就在于，在拟真的游戏过程中每一个不同发展水平的幼儿都能寻找到适合自己的"位置"，并在不断深化的活动中遇见自己的"最近发展区"。

三、协同审议是合理利用课程资源的保障

多种形式的审议贯穿着整个活动的始末，为活动的发展保驾护航。"美食广场"这一活动的开展是在预设主题"劳动最光荣"的背景下，如何将预设主题转化为幼儿的需要，这就是教师面对的第一个问题。在活动开始前的准备性审议中，教师提出："每一次开展这个活动面对的幼儿都不同，因此主题的引入也都会有所不同，活动开始前我们需要做哪些准备，引发幼儿对此话题的关注呢？"此次活动正值五一劳动节，教师讨论利用节日营造小长假的活动氛围，通过假期生活记录分享等小任务增加幼儿外出游玩并对美食广场产生关注和兴趣的可能性。教师审议能碰撞出更多不同的想法，寻找更加贴近幼儿生活的课程原点，同时也将预设主题更好地与幼儿生活经验相匹配，引发幼儿的关注和探究兴趣。

在整个事件进程中，审议隐藏在活动的每一个细节中。除了年级组间的教师审议，班级教师和保育员的审议、师幼审议、幼幼审议也每时每刻进行着。这些不同形式的审议保障着课程资源的有效利用。比如，每次一遇到问题，幼儿都会通过小组讨论来决定：工作分工、美食的选品、工作顺序，等等。幼儿的审议在真实、自然的活动中发生，目的是在发现问题后能通过审议的方式寻找解决问题的方法。幼儿审议不仅能推动事件向幼儿需求的方向发展，在审议的过程中还能发展他们表达交流、倾听、评价等多种能力。

每个幼儿都是一朵花,我们的教育是顺应花朵的生长规律的。我们的课程是在自然的环境下注重资源的多角度挖掘,尊重幼儿自身的发展规律,注重保护幼儿的好奇心,努力通过与幼儿共同发掘并利用资源来支持幼儿持续性的学习,促进课程与资源的共生。